Impressum
Verlag: BABADADA GmbH, Nedderfeld 112 , 22529 Hamburg
Geschäftsführer / Verlagsleitung: Harald Hof
Druck: Books on Demand GmbH, In de Tarpen 42, 22848 Norderstedt

Imprint
Publisher: BABADADA GmbH, Nedderfeld 112 , 22529 Hamburg, Germany
Managing Director / Publishing direction: Harald Hof
Print: Books on Demand GmbH, In de Tarpen 42, 22848 Norderstedt

sekolah
skole

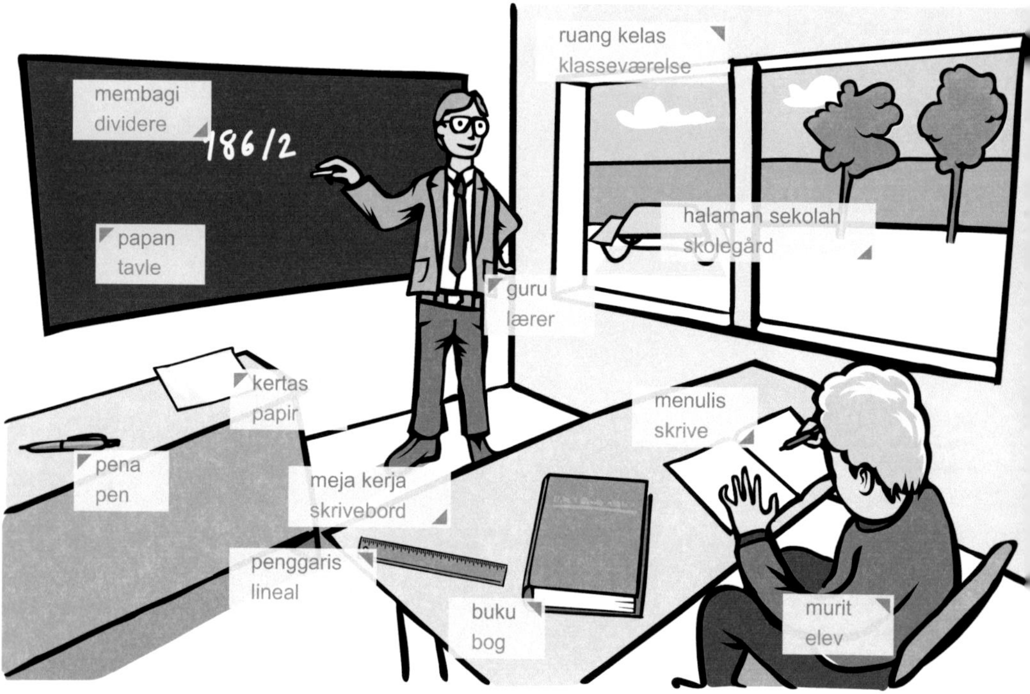

ruang kelas
klasseværelse
membagi
dividere
186/2
papan
tavle
halaman sekolah
skolegård
guru
lærer
kertas
papir
menulis
skrive
pena
pen
meja kerja
skrivebord
penggaris
lineal
buku
bog
murit
elev

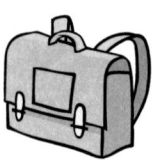

tas sekolah

skoletaske

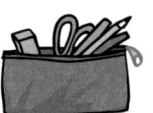

tempat pensil

penalhus

pensil

blyant

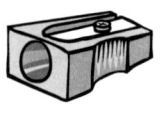

pengasah pensil

blyantspidser

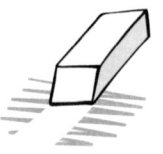

penghapus

viskelæder

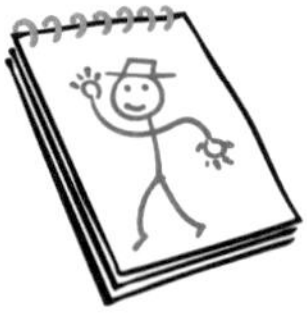

kertas gambar

tegneblok

gambar

tegning

kuas

pensel

kotak cat

æske med vandfarver

gunting

saks

lem

lim

buku latihan

opgavehefte

pekerjaan rumah

lektie

angka

tal

tambhakan

addere

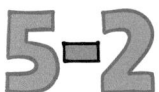

mengurangi

subtrahere

mengalikan

multiplicere

menghitung

regne

huruf

bogstav

alfabet

alfabet

kata

ord

teks

tekst

membaca

læse

kapur

kridt

pelajaran

time

daftar

klasseprotokol

ujian

eksamen

sertifikat

karakterbog

seragam sekolah

skoleuniform

pendidikan

uddannelse

ensiklopedi

leksikon

universitas

universitet

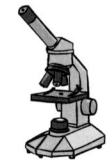

mikroskop

mikroskop

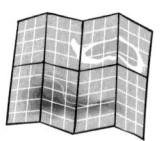

peta

kort

tempat sampah

papirkurv

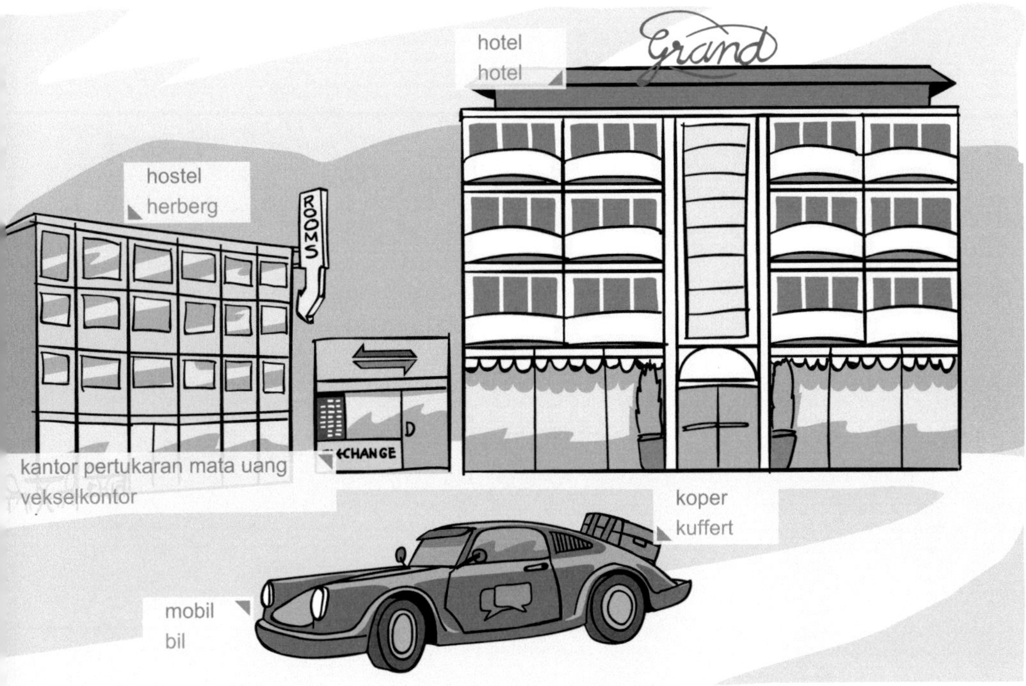
hotel
hotel
Grand
hostel
herberg
ROOMS
EXCHANGE
kantor pertukaran mata uang
vekselkontor
koper
kuffert
mobil
bil

bahasa

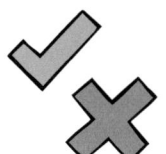

sprog

ya / tidak

ja / nej

okay

okay

hallo

hej

penerjemah

oversætter

terima kasih

tak

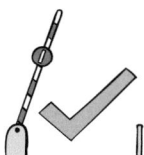

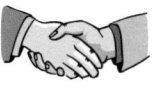

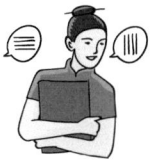

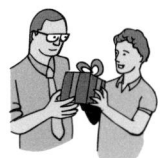

Berapa harganya…?

hvad koster…?

saya tidak mengerti

Jeg forstår ikke

masalah

problem

Selamat malam!

God aften!

Selamat siang!

God morgen!

Selamat tidur!

God nat!

sampai jumpa

farvel

arah

retning

bagasi

bagage

tas

taske

ransel

rygsæk

tamu

gæst

ruang

værelse

kantong tidur

sovepose

tenda

telt

informasi wisata	pantai	kartu kredit
turistinformation	strand	kreditkort

sarapan	makan siang	makan malam
morgenmad	middagsmad	aftensmad

tiket	elevator	perangko
billet	elevator	frimærke

perbatasan	cukai	kedutaan
grænse	told	ambassade

visa	paspor	
visum	pas	

transportasi
transport

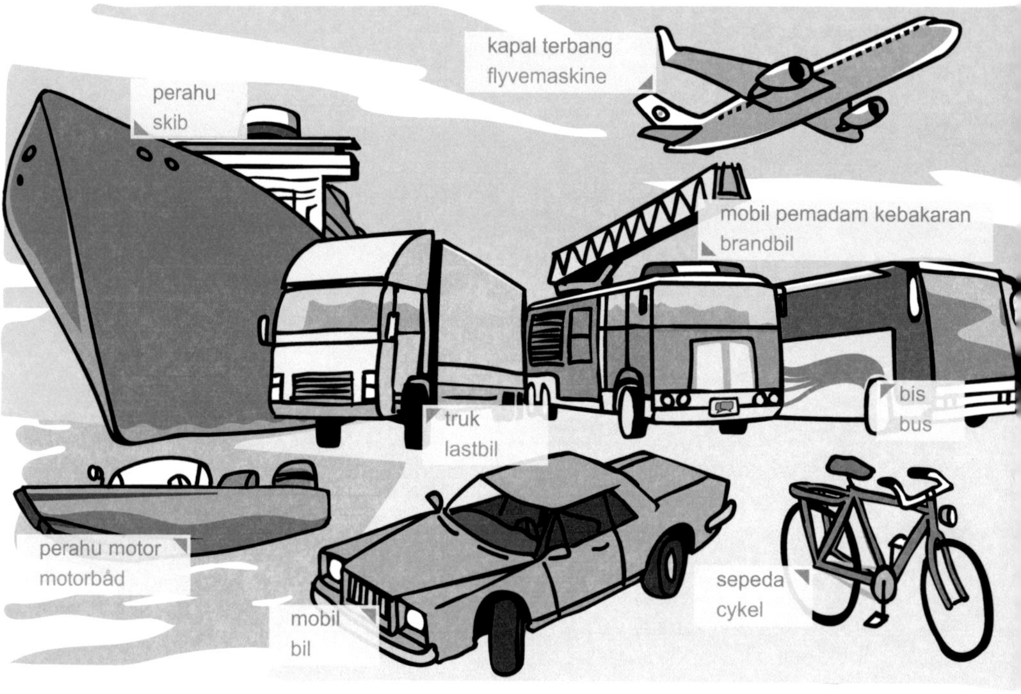
kapal terbang
flyvemaskine
perahu
skib
mobil pemadam kebakaran
brandbil
truk
lastbil
bis
bus
perahu motor
motorbåd
sepeda
cykel
mobil
bil

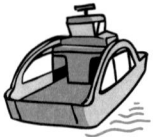

feri

færge

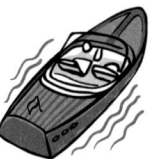

perahu

båd

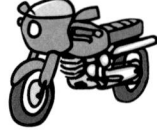

sepeda motor

motorcykel

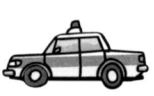

mobil polisi

politibil

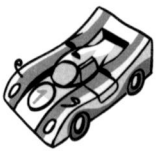

mobil balapan

racerbil

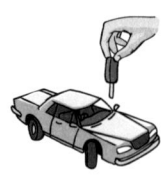

mobil sewa

lejebil

berbagi mobil

samkørsel

truk derek

kranbil

truk sampah

skraldebil

motor

motor

bahan bakar

benzin

bensin

tankstation

tanda lalulintas

trafikskilt

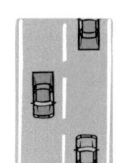

lalulintas

trafik

macet

trafikprop

parkir mobil

parkeringsplads

stasiun kereta

banegård

trek

skinner

kereta api

tog

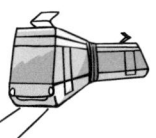

tram

sporvogn

gerobak

wagon

helikopter

helikopter

bendara

lufthavn

menara

tårn

penumpang

passager

container

container

karton

karton

troli

kærre

keranjang

kurv

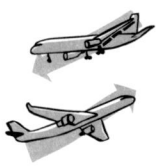

berangkat / mendarat

starte / lande

kota

by

desa

landsby

pusat kota

bymidte

rumah

hus

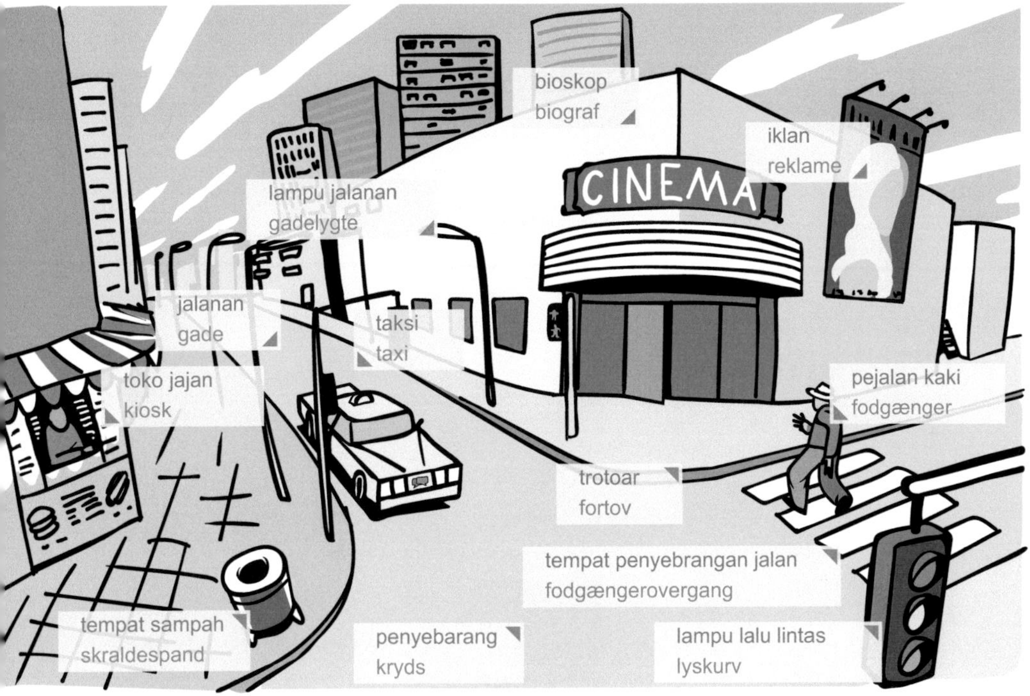

bioskop / biograf

iklan / reklame

lampu jalanan / gadelygte

CINEMA

jalanan / gade

taksi / taxi

toko jajan / kiosk

pejalan kaki / fodgænger

trotoar / fortov

tempat penyebrangan jalan / fodgængerovergang

tempat sampah / skraldespand

penyebarang / kryds

lampu lalu lintas / lyskurv

gubuk

hytte

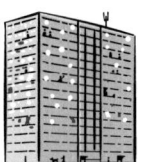

rumah flat

lejlighed

stasiun kereta

banegård

balai kota

rådhus

museum

museum

sekolah

skole

universitas

universitet

bank

bank

rumah sakit

sygehus

hotel

hotel

farmasi

apotek

kantor

kontor

toko buku

boghandel

toko

butik

toko bunga

blomsterbutik

supermarket

supermarked

pasar

marked

toko serba ada

stormagasin

nelayan

fiskehandler

pusat belanja

butikscenter

pelabuhan

havn

taman

park

banku

bænk

jembatan

bro

tangga

trappe

kereta bawah tanah

undergrundsbane

terowongan

tunnel

pemberhantian bis

busstoppested

bar

barnevogn

restauran

restaurant

kotak surat

postkasse

tanda jalan

vejskilt

meteran parkir

parkometer

kebun binatang

zoo

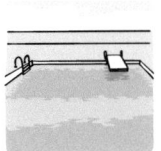

kolam renang

badeanstalt

mesjid

moske

pertanian
bondegård

polusi
miljøforurening

kuburan
kirkegård

gereja
kirke

tempat bermain
legeplads

pura
tempel

pemandangan
landskab

daun
blad

penunjuk arah
vejviser

jalanan
vej

padang rumput
eng

batu
sten

pohon
træ

pejalak kaki
vandrer

sungai
flod

rumput
græs

bunga
blomst

lembah

dal

bukit

bjerg

danau

sø

hutan

skov

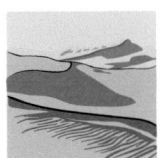

padang gurun

ørken

gunung berapi

vulkan

istana

slot

pelangi

regnbue

jamur

svamp

pohon palem

palme

nyamuk

moskito

lalat

flue

semut

myre

lebah

bi

laba-laba

edderkop

kumbang

bille

kodok

frø

tupai

egern

landak

pindsvin

kelinci

hare

burung hantu

ugle

burung

fugl

angsa

svane

babi jantan

vildsvin

rusa

hjort

rusa

elg

bendungan

dæmning

turbin angin

vindmølle

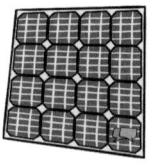

panel surya

solcellemodul

iklim

klima

restauran
restaurant

pelayan
tjener
daftar makanan
spisekort
kursi
stol
sup
suppe
pizza
pizza
taplak
borddug
peralatan makan
bestik

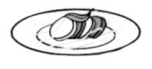

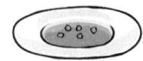

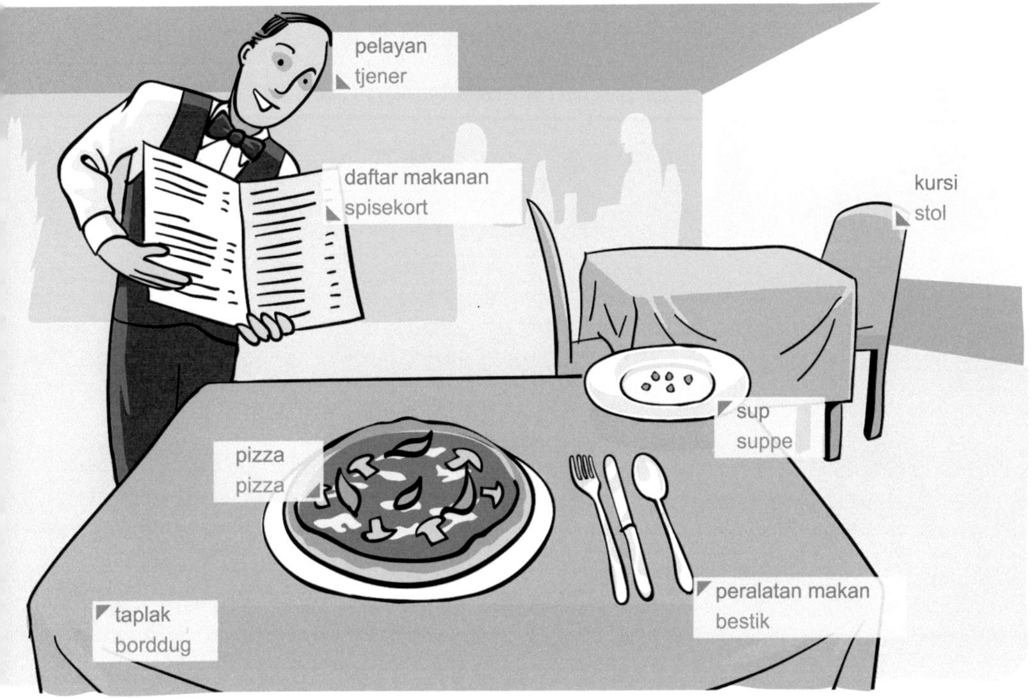

hindangan pembuka

forret

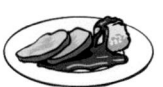

hidangan utama

hovedret

hidangan penutup

dessert

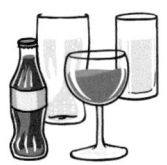

minuman

drikkevarer

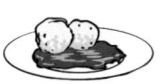

makanan

mad

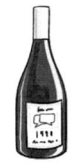

botol

flaske

fastfood

fastfood

masakan jalanan

streetfood

teko teh

tekande

kaleng gula

sukkerdåse

porsi

portion

mesin espresso

espressomaskine

kursi tinggi

barnestol

tagihan

faktura

baki

tablet

pisau

kniv

garpu

gaffel

sendok

ske

sendok teh

teske

serbet

serviet

gelas

glas

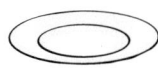

piring

tallerken

piring sup

dyb tallerken

lepek

underkop

saus

sovs

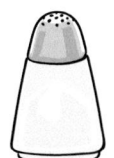

tempat garam

saltbøsse

gilingan merica

peberkværn

cuka

eddike

minyak

olie

bumbu

krydderier

saus tomat

ketchup

mustar

sennep

mayones

mayonnaise

supermarket
supermarked

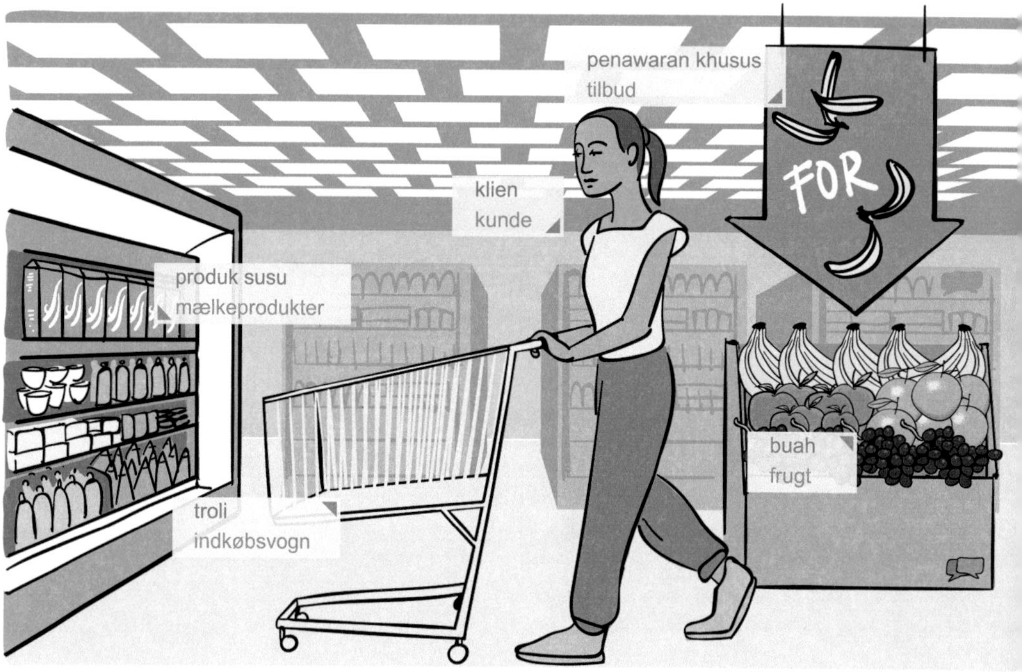

penawaran khusus
tilbud
FOR
klien
kunde
produk susu
mælkeprodukter
buah
frugt
troli
indkøbsvogn

BUTCHERS

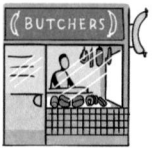

pembantai

slagter

BAKERY

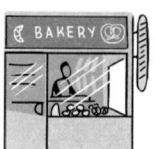

toko roti

bageri

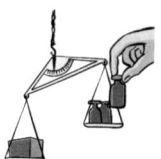

menimbang

veje

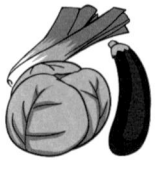

sayur

grøntsager

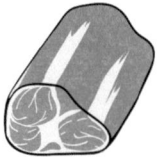

daging

kød

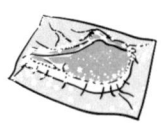

makanan beku

frostvarer

pemotongan dingin

pålæg

makanan kaleng

konserves

sabun serbuk

vaskemiddel

permen

slik

alat-alat rumah tangga

husholdningsvarer

obat pembersihan

rengøringsmidler

penjual

ekspedient

kasa

kasse

kasir

kasserer

daftar belanja

indkøbsliste

jam buka

åbningstider

dompet

tegnebog

kartu kredit

kreditkort

tas

taske

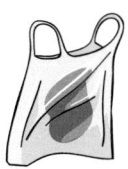

kantong plastik

plasticpose

air
vand

jus
saft

susu
mælk

cola
cola

anggur
vin

bir
øl

alkohol
alkohol

coklat
kakao

teh
te

kopi
kaffe

espresso
espresso

cappucino
cappuccino

pisang
banan

apel
æble

jeruk
appelsin

semangka
melon

jeruk lemon
citron

wortel
gulerod

bawang putih
hvidløg

bambu
bambus

bawang bombai
løg

jamur
svamp

kacang
nødder

mi
nudler

spagetti

spaghetti

nasi

ris

salat

salat

kentang goreng

pomfritter

kentang goreng

stegte kartofler

pizza

pizza

hamburger

hamburger

sandwich

sandwich

sayatan

schnitzel

ham

skinke

salami

salami

sosis

pølse

ayam

kylling

menggoreng

steg

ikan

fisk

bubur gandum

havregryn

sereal

mysli

cornflakes

cornflakes

tepung

mel

croissant

croissant

roti

rundstykke

roti

brød

toast

toast

biskuit

kiks

mentega

smør

dadih

kvark

kue

kage

telur

æg

telur goreng

spejlæg

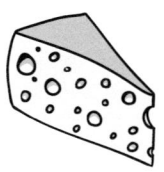

keju

ost

eskrim
is

gula
sukker

madu
honning

selai
marmelade

krim nugat
nougat-creme

kare
karry

pertanian
bondegård

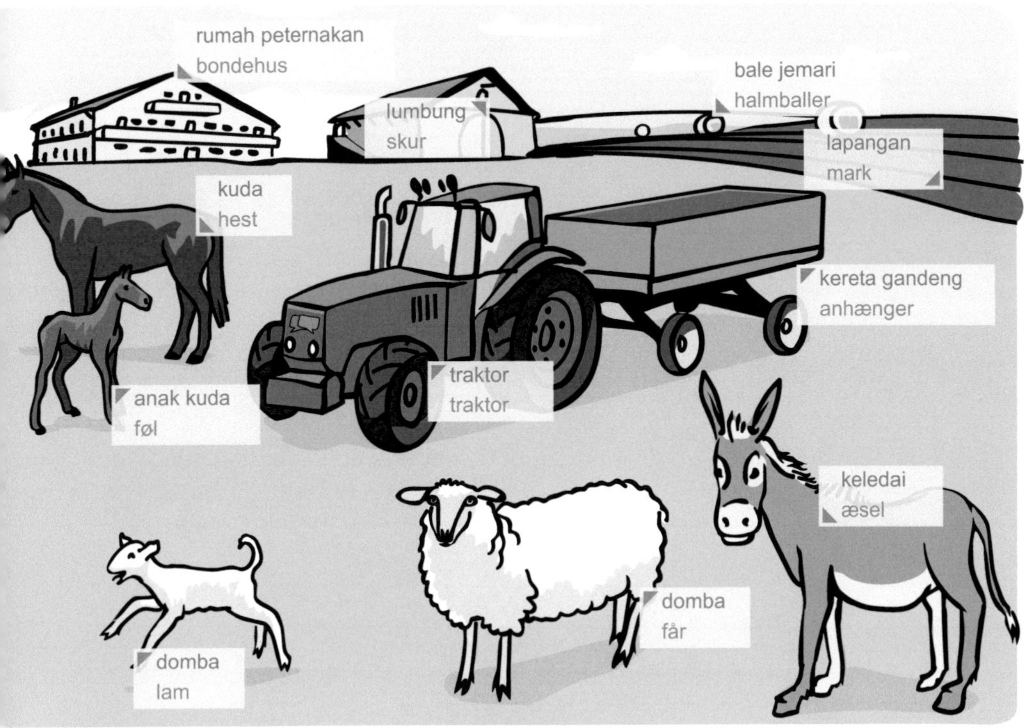

rumah peternakan
bondehus
lumbung
skur
bale jemari
halmballer
lapangan
mark
kuda
hest
kereta gandeng
anhænger
traktor
traktor
anak kuda
føl
keledai
æsel
domba
får
domba
lam

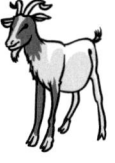

kambing
ged

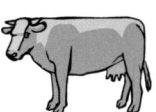

sapi
ko

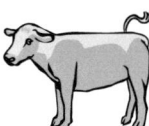

betis
kalv

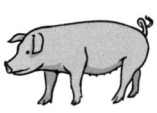

babi
svin

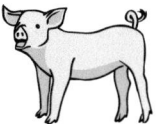

celeng
gris

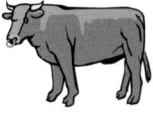

banteng
tyr

angsa

gås

bebek

and

anak ayam

kylling

ayam

høne

ayam jantan

hane

tikus

rotte

kucing

kat

tikus

mus

lembu

okse

anjing

hund

rumah anjing

hundehus

selang

haveslange

penyiram

vandkande

sabit

le

bajak

plov

sabit

segl

cangkul

hakkejern

garpu rumput

møggreb

kapak

økse

gerobak

trillebør

palung

trug

kaleng susu

mælkekande

karung

sæk

pagar

hæk

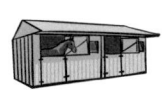

kandang

stald

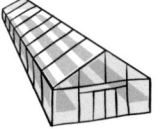

rumah kaca

drivhus

tanah

jord

benih

frø

pupuk

gødning

mesin pemanen

mejetærsker

panen

høste

panen

høst

yams

yams

gandum

hvede

kedelai

soja

kentang

kartoffel

jagung

majs

lobak

raps

pohon buah

frugttræ

singkong

maniok

sereal

korn

rumah
hus

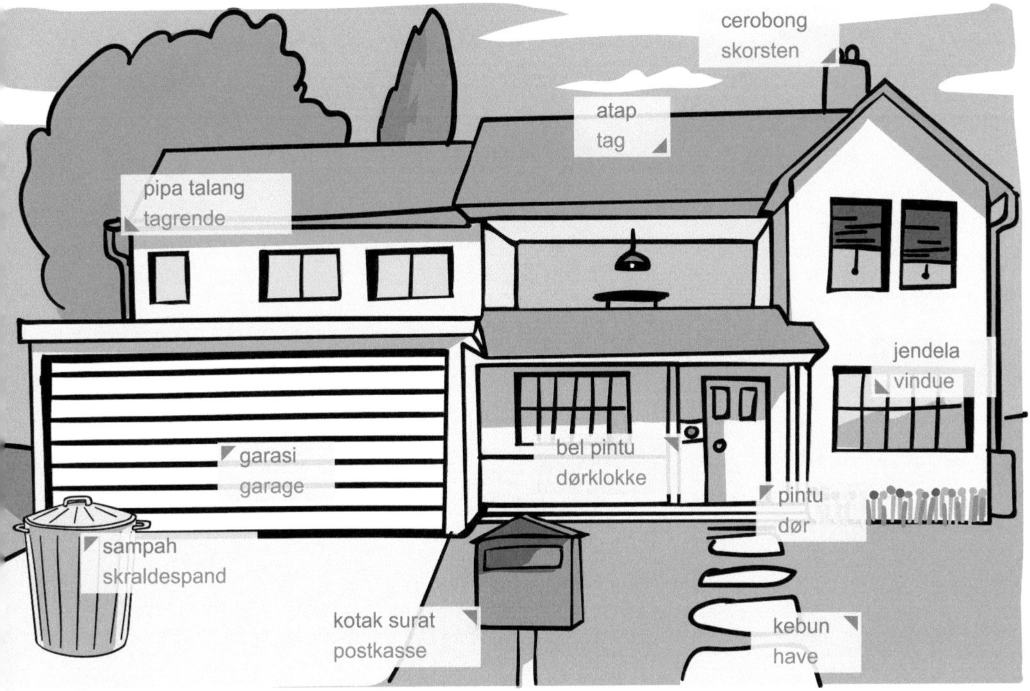
cerobong
skorsten
atap
tag
pipa talang
tagrende
jendela
vindue
bel pintu
dørklokke
garasi
garage
pintu
dør
sampah
skraldespand
kotak surat
postkasse
kebun
have

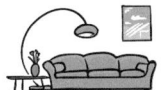

ruang tamu

stue

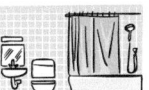

kamar mandi

badeværelse

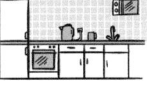

dapur

køkken

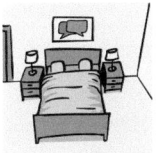

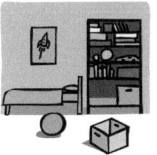

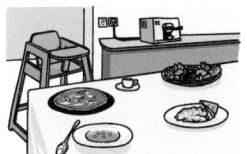

kamar tidur

soveværelse

kamar anak

børneværelse

kamar makan

spisestue

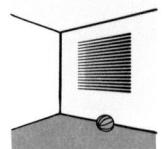

lantai

gulv

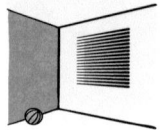

tembok

væg

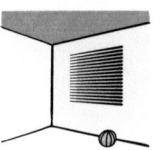

atap

loft

gudang di bawah tanah

kælder

sauna

sauna

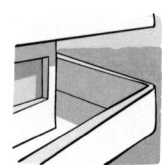

balkon

altan

teras

terrasse

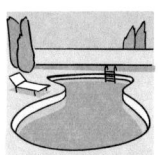

kolam renang

svømmehal

mesin pemotong rumput

plæneklipper

sprei

dynebetræk

selimut

dyne

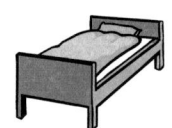

tempat tidur

seng

sapu

kost

ember

spand

tombol

kontakt

ruang tamu
stue

kertas dinding
tapet
gambar
billede
lampu
lampe
rak
reol
kabinet
skab
televisi
fjernsyn
perapian
pejs
bunga
blomst
bantal
pude
sofa
sofa
vas
vase
remote control
fjernbetjening

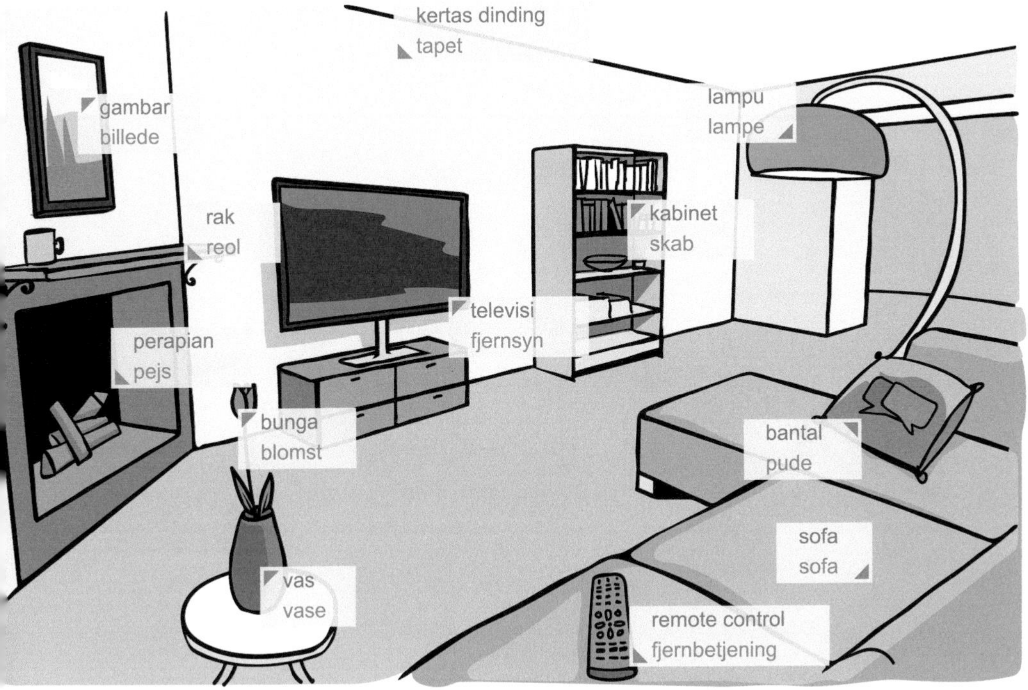

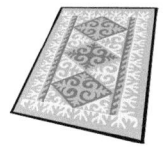

karpet

gulvtæppe

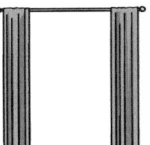

korden

gardin

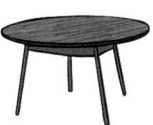

meja

bord

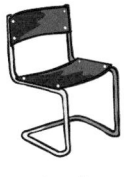

kursi

stol

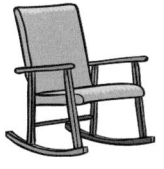

kursi goyang

gyngestol

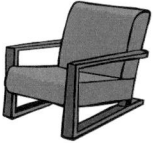

kursi malas

lænestol

buku

bog

selimut

tæppe

dekorasi

dekoration

kayu bakar

brænde

filem

film

hi-fi

stereoanlæg

kunci

nøgle

koran

avis

lukisan

maleri

poster

plakat

radio

radio

buku tulis

notesblok

penyedot debu

støvsuger

kaktus

kaktus

lilin

lys

dapur
køkken

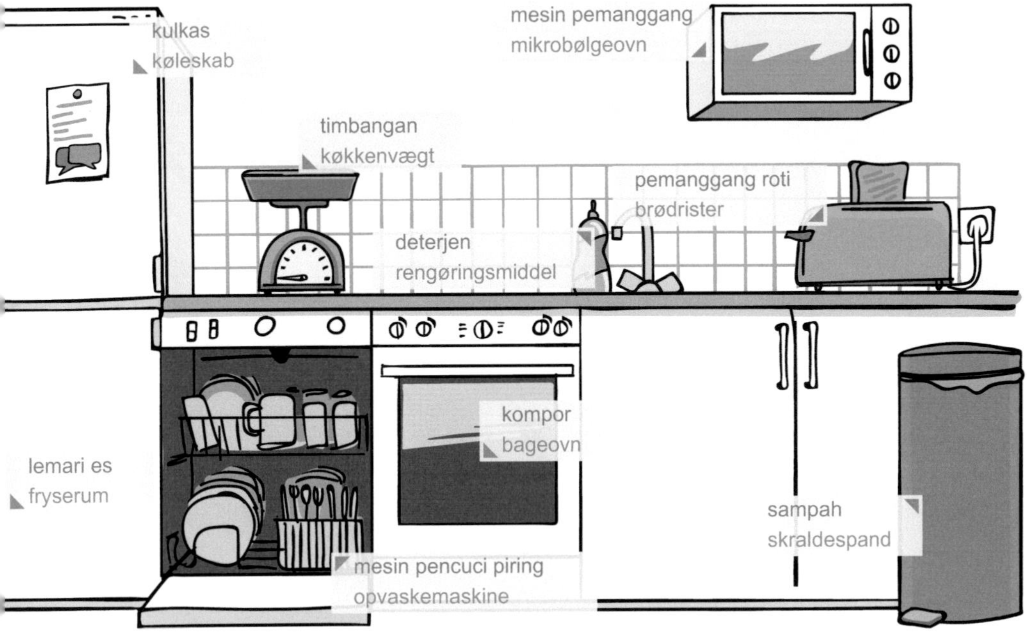

kulkas
køleskab
mesin pemanggang
mikrobølgeovn
timbangan
køkkenvægt
pemanggang roti
brødrister
deterjen
rengøringsmiddel
kompor
bageovn
lemari es
fryserum
sampah
skraldespand
mesin pencuci piring
opvaskemaskine

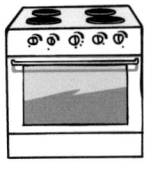

kompor

komfur

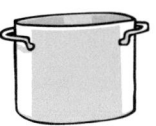

panci

gryde

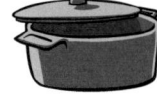

panci besi

jerngryde

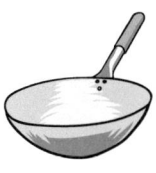

wajan

wok / kadai

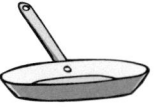

panci

pande

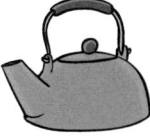

pemanas air

elkedel

panci pengukus makanan

dampkoger

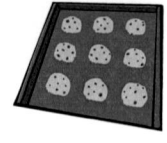

nampan

bageplade

piring

service

cangkir

bæger

mangkok

skål

sumpit

spisepinde

sendok sup

øseske

sudip

paletkniv

mengocok

piskeris

saringan

dørslag

saringan

si

parutan

rive

mortir

morter

barbeque

grille

api terbuka

ildsted

dapur - køkken

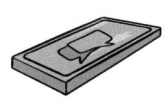

papan memotong

skærebræt

gilingan

kagerulle

alat pembuka botol

proptrækker

kaleng

dåse

pembuka kaleng

dåseåbner

pegangan panci

grydelap

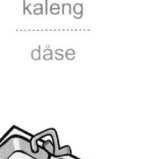

wastafel

køkkenvask

sikat

børste

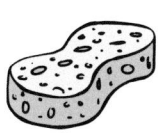

busa

svamp

mesin pencampur

blender

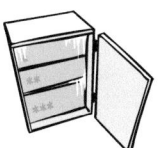

lemari es

dybfryser

botol bayi

sutteflaske

keran

vandhane

kamar mandi
badeværelse

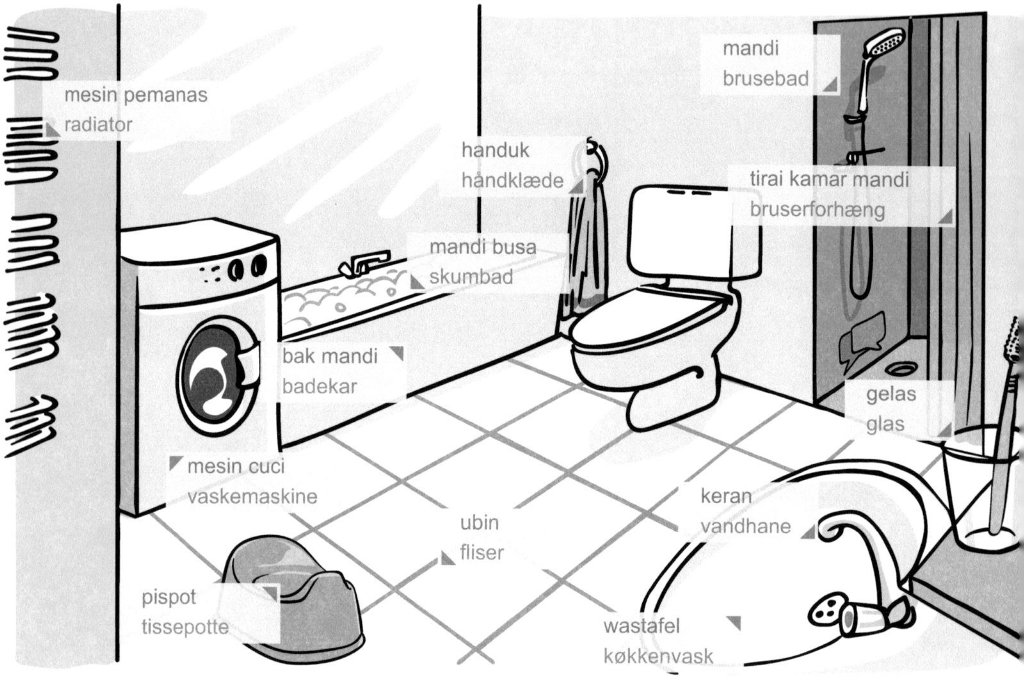

mesin pemanas
radiator
mandi
brusebad
handuk
håndklæde
tirai kamar mandi
bruserforhæng
mandi busa
skumbad
bak mandi
badekar
gelas
glas
mesin cuci
vaskemaskine
keran
vandhane
ubin
fliser
pispot
tissepotte
wastafel
køkkenvask

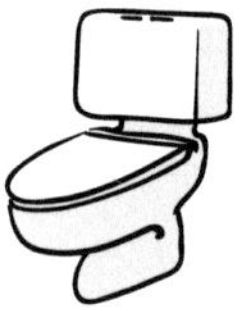

toilet

toilet

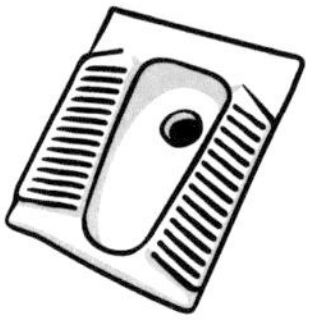

toilet jongkok

hugsiddende toilet

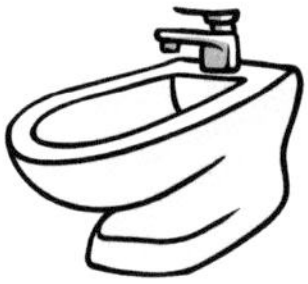

bidet

bidet

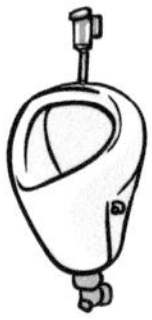

pissoir

pissoir

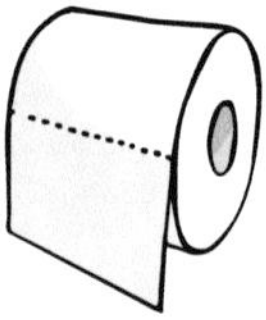

kertas toilet

toiletpapir

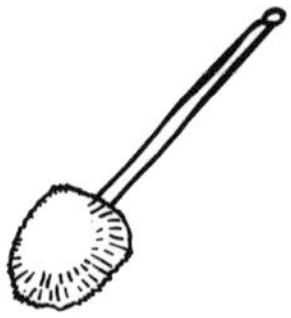

sikat toilet

toiletbørste

sikat gigi

tandbørste

pasta gigi

tandpasta

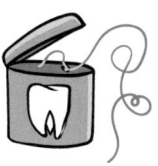

benang gigi

tandtråd

menyuci

vaske

pancuran tangan

håndbruser

pancuran

intimbruser

bak

vaskefad

sikat punggung

badebørste

sabun

sæbe

gel mandi

brusegele

sampo

shampoo

planel

vaskeklud

kuras

afløb

krim

creme

deodoran

deodorant

kaca

spejl

cermin tangan

kosmetikspejl

pisau cukur

barberhøvl

busa cukur

barberskum

aftershave

barbervand

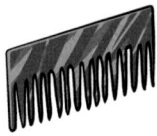

sisir

kam

sikat

børste

alat pengering rambut

hårtørrer

semprot rambut

hårspray

makeup

makeup

lipstik

læbestift

cat kuku

neglelak

kapas

vat

gunting kuku

neglesaks

minyak wangi

parfume

kantong pencuci

toilettaske

bangku

skammel

timbangan

vægt

mantel mandi

badekåbe

sarung tangan karet

gummihandsker

tampon

tampon

handuk pembalut

damebind

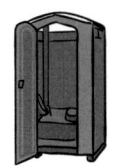

toilet kimia

kemisk toilet

kamar anak

børneværelse

jam alarm
vækkeur
boneka tidur
bamse
mobil-mobilan
legetøjsbil
kelintung
skralde
rumah boneka
dukkehus
kado
gave

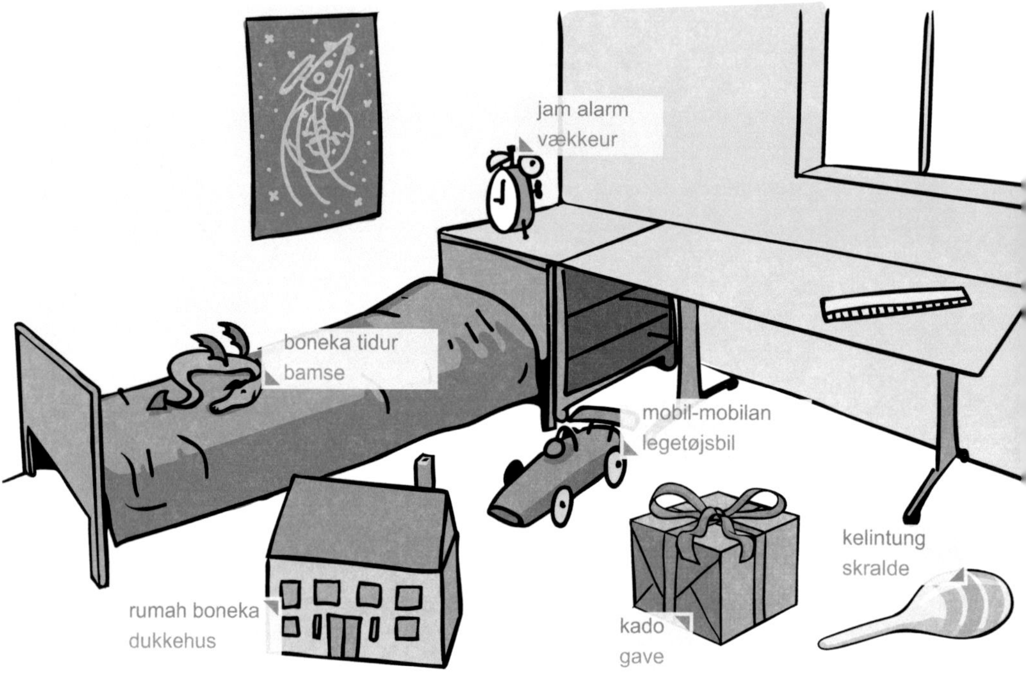

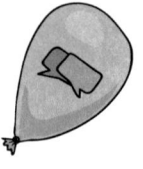

balon

ballon

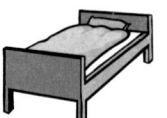

tempat tidur

seng

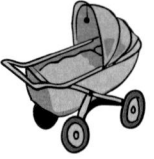

kereta bayi

barnevogn

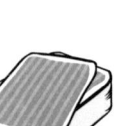

mainan kartu

kortspil

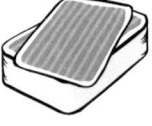

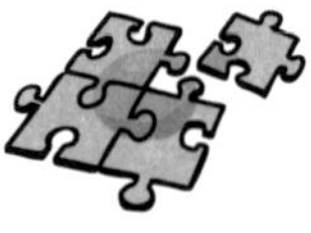

teka-teki

puslespil

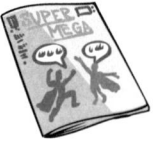

komik

tegneserie

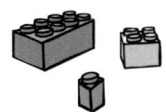

mainan lego

legoklodser

blok mainan

byggeklodser

figur aksi

action figur

baju monyet

sparkedragt

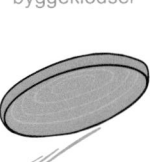

frisbee

frisbee

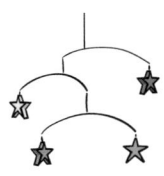

mobile

uro

permainan papan

brætspil

dadu

terning

set model kreta api

modeljernbane

dot

sut

pesta

fest

buku gambar

billedbog

bola

bold

boneka

dukke

bermain

lege

tempat main pasir

sandkasse

ayunan

gynge

mainan

legetøj

video game konsol

spillekonsol

sepeda roda tiga

trehjulet cykel

teddy

bamse

lemari pakaian

klædeskab

pakaian

tøj

kaos kaki

sokker

kaos kaki

strømper

baju ketat

strømpebukser

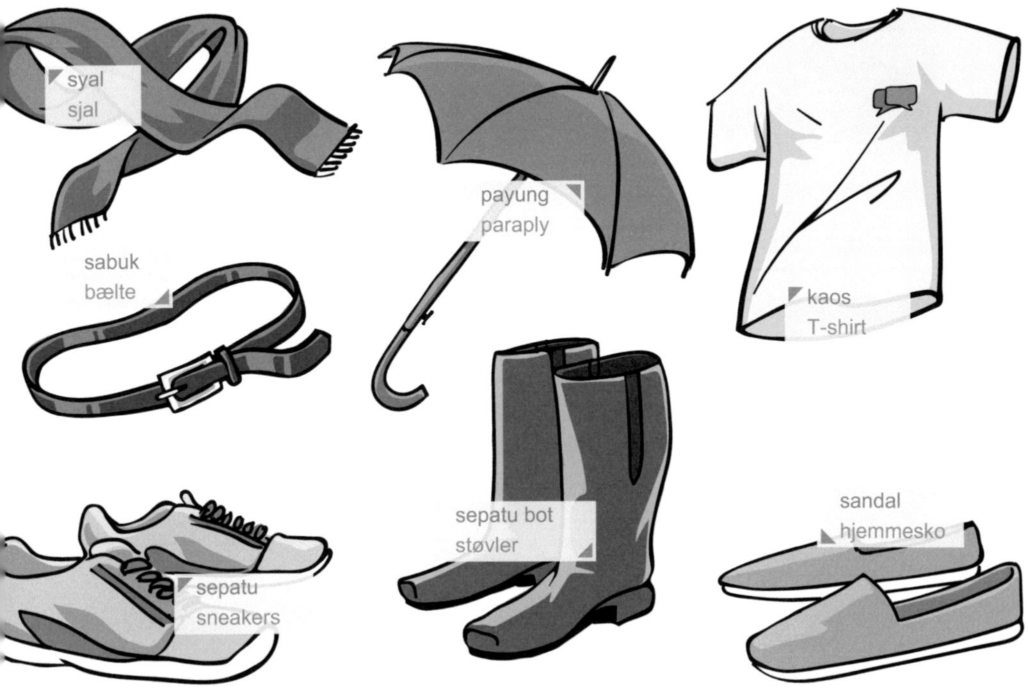

syal
sjal

payung
paraply

kaos
T-shirt

sabuk
bælte

sepatu bot
støvler

sandal
hjemmesko

sepatu
sneakers

sandal
....
sandaler

sepatu
....
sko

sepatu bot karet
....
gummistøvler

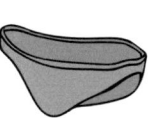

celana dalam
....
underbukser

BH
....
BH

baju rompi
....
undertrøje

body

body

celana

bukser

jeans

jeans

rok

nederdel

blus

bluse

kemeja

skjorte

aket berkerudung

pullover

sweater

sweatshirt

jaket

blazer

jaket

jakke

mantel

frakke

jas hujan

regnfrakke

kostum

kostume

gaun

kjole

gaun pengantin

brudekjole

setelan resmi

jakkesæt

gaun tidur

nattrøje

piyama

pyjamas

sari

sari

jilbab

hovedtørklæde

turban

turban

burka

burka

kaftan

kaftan

abaya

abaya

pakaian renang

badedragt

celana renang

badebukser

celana pendek

korte bukser

olah raga

træningsdragt

celemek

forklæde

sarung tangan

handsker

kancing

knap

kacamata

briller

gelang

armbånd

kalung

kæde

cincin

ring

anting

ørering

topi

hue

gantungan mantel

bøjle

topi

hat

dasi

slips

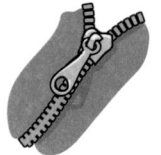

ritsleting

lynlås

helm

hjelm

tali selempang

seler

seragam sekolah

skoleuniform

seragam

uniform

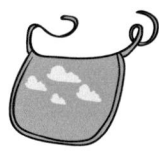

oto

hagesmæk

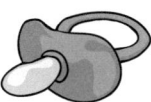

dot

sut

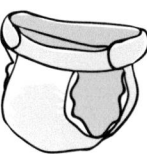

popok

ble

kantor
kontor

server
server
lemari arsip
arkivskab
kertas
papir
pencetak
printer
layar
skærm
mouse komputer
mus
meja kerja
skrivebord
tempat pengarsipan
mappe
papan tombol
tastatur
tempat sampah
papirkurv
computer
computer
kursi
stol

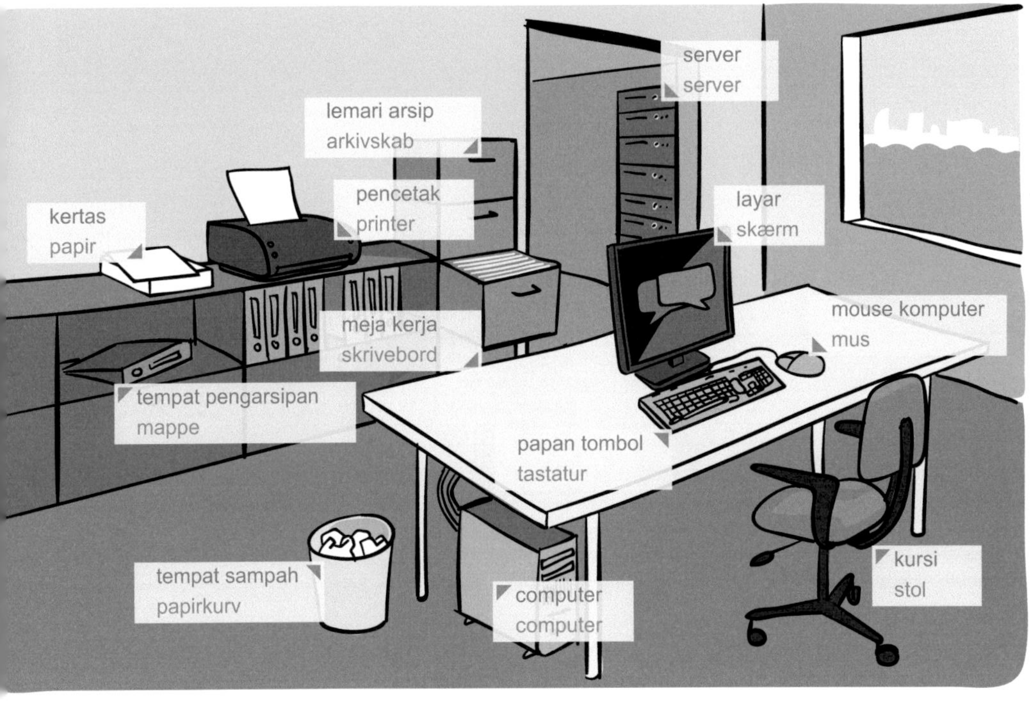

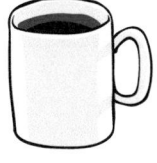

cangkir kopi

kaffekrus

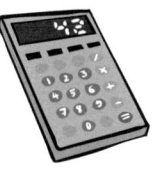

kalkulator

lommeregner

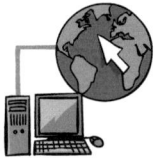

internet

internet

laptop

bærbar

surat

brev

pesan

besked

telepon seluler

mobil

jaringan

netværk

fotokopi

kopimaskine

software

software

telepon

telefon

plug soket

stikdåse

mesin fax

fax

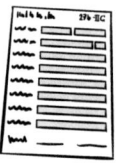

formulir

formular

dokumen

dokument

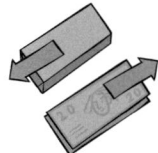

membeli

købe

membayar

betale

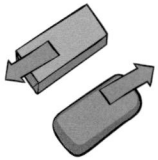

berdagang

handle

uang

penge

Dollar

dollar

Euro

euro

Yen

yen

Rubel

rubel

Franc Swiss

schweizerfranc

Renminbi Yuan

renminbi yuan

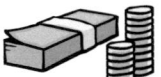

Rupiah

rupee

ATM

hæveautomat

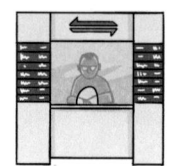

kantor pertukaran mata uang

vekselkontor

emas

guld

perak

sølv

minyak

olie

energi

energi

harga

pris

kontrak

kontrakt

pajak

skat

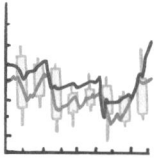

saham

aktie

bekerja

arbejde

karyawan

ansat

majikan

arbejdsgiver

pabrik

fabrik

toko

butik

pekerjaan
erhverv

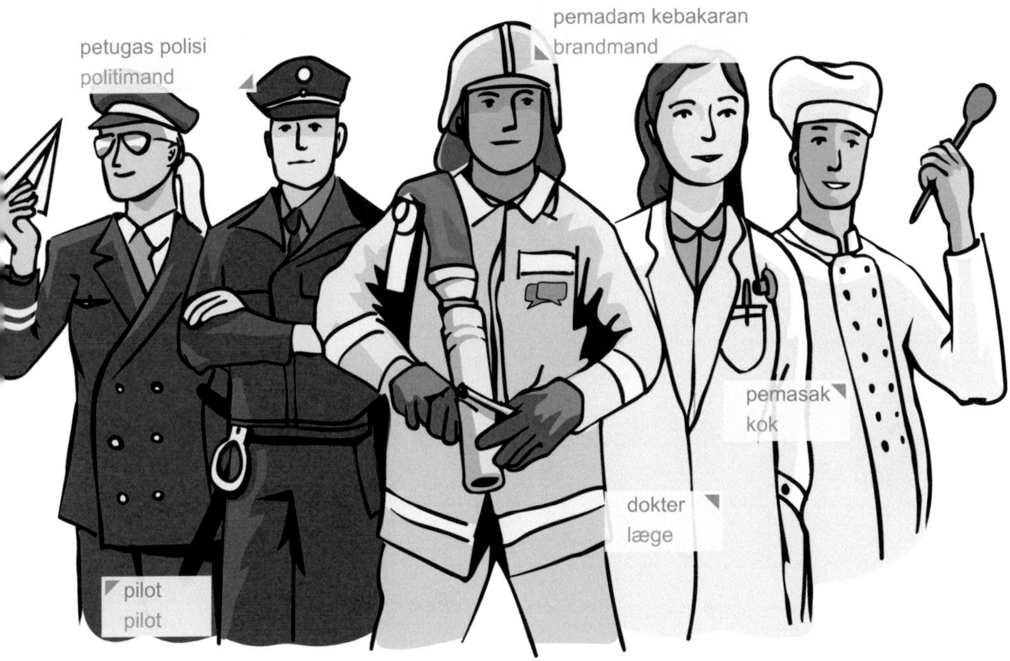
petugas polisi
politimand
pemadam kebakaran
brandmand
pemasak
kok
dokter
læge
pilot
pilot

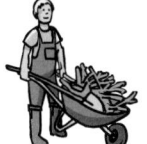

tukan kebun

gartner

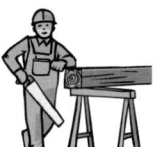

tukang kayu

tømrer

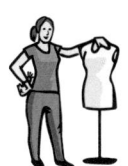

penjahit wanita

syerske

hakim

dommer

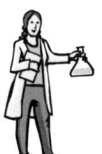

ahli kimia

kemiker

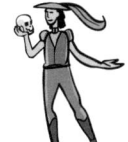

aktor

skuespiller

sopir bis

buschauffør

sopir taksi

taxachauffør

nelayan

fisker

pembantu

rengøringskone

tukang atap

tagdækker

pelayan

tjener

pemburu

jæger

pelukis

maler

tukang roti

bager

tukang listrik

elektriker

pembangun

bygningsarbejder

insinyur

ingeniør

tukang daging

slagter

tukang ledeng

vvs-mand

tukang pos

postbud

tentara

soldat

arsitek

arkitekt

kasir

kasserer

penjual bunga

blomsterhandler

penata rambut

frisør

konduktor

togfører

montir

mekaniker

kapten

kaptajn

dokter gigi

tandlæge

ilmuwan

videnskabsmand

rabbi

rabbiner

imam

imam

biarawan

munk

pendeta

præst

alat
værktøj

palu
hammer
tang
tang
obeng
skruedrejer
kunci
skruenøgle
obor
lommelygte

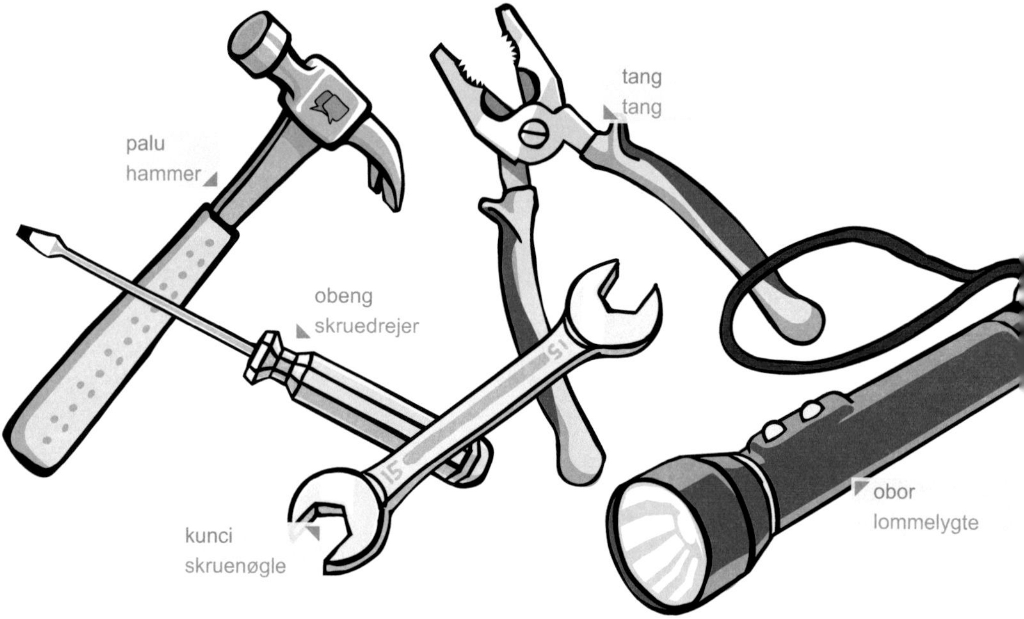

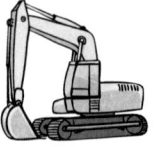

penggali

gravemaskine

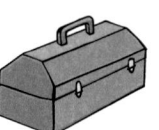

tas perkakas

værktøjskasse

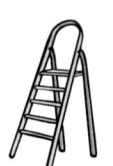

tangga

stige

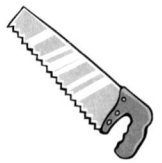

gergaji

sav

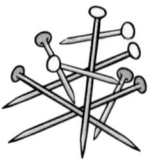

paku

søm

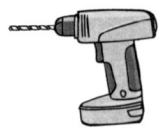

bor

bor

perbaikan

reparere

sekop

skovl

Sialan!

Lort!

cikrak

fejebakke

pot cat

malerspand

sekrup

skruer

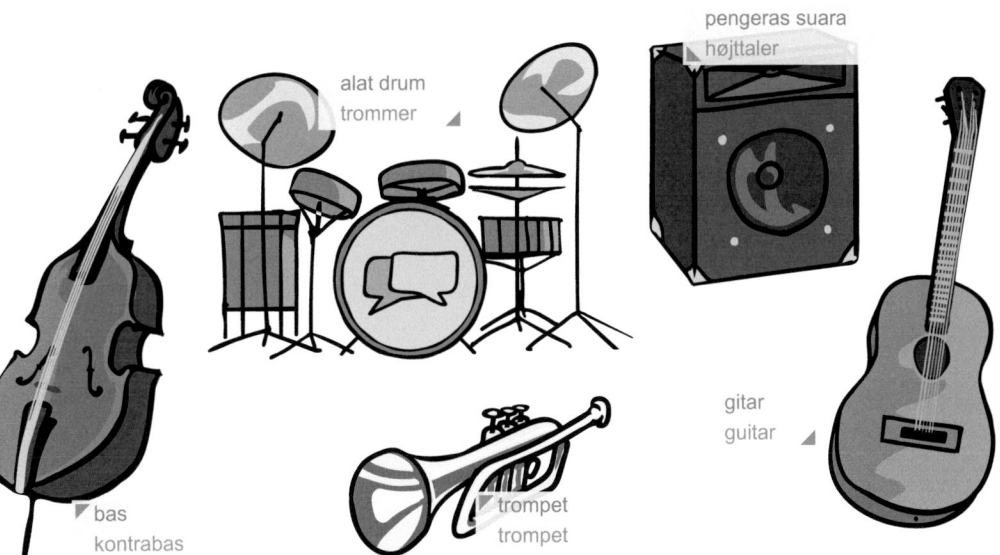

pengeras suara
hø`jttaler

alat drum
trommer

bas
kontrabas

trompet
trompet

gitar
guitar

piano

klaver

violin

violin

bass

bas

tambur

pauke

drum

tromme

keyboard

keyboard

saksofon

saxofon

suling

fløjte

mikrofon

mikrofon

alat musik - musikinstrumenter

kebun binatang

zoo

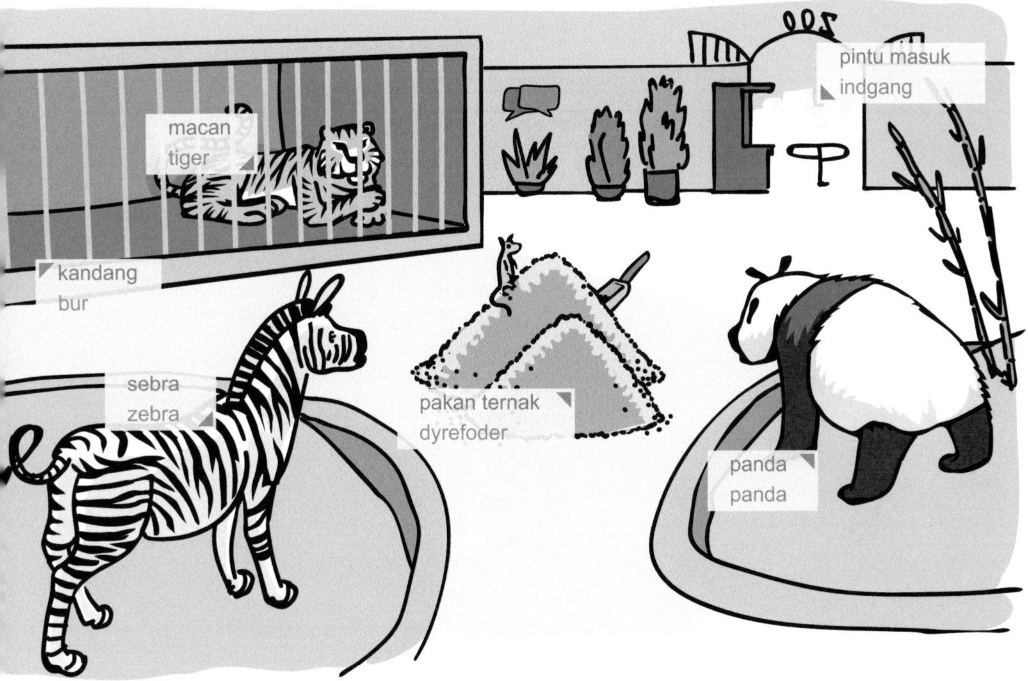

zoo
pintu masuk
indgang
macan
tiger
kandang
bur
sebra
zebra
pakan ternak
dyrefoder
panda
panda

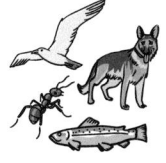

hewan

dyr

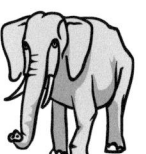

gajah

elefant

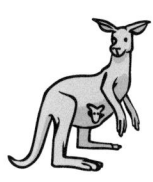

kanguru

kænguru

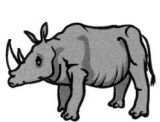

badak

næsehorn

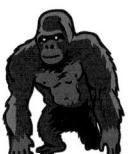

gorila

gorilla

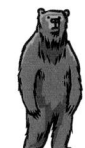

beruang

bjørn

unta

kamel

burung unta

struds

singa

løve

monyet

abe

flamingo

flamingo

burung beo

papegøje

beruang polar

isbjørn

penguin

pingvin

hiu

haj

merak

påfugl

ular

slange

buaya

krokodille

penjaga kebun binatang

dyrepasser

segel

sæl

jaguar

jaguar

kuda poni

pony

macan tutul

leopard

kuda nil

flodhest

jerapah

giraf

burung elang

ørn

babi jantan

vildsvin

ikan

fisk

kura-kura

skildpadde

anjing laut

hvalros

rubah

ræv

kijang

gazelle

american football
amerikansk football

naik sepeda
cykling

tennis
tennis

basketbal
basketball

bernang
svømning

tinju
boksning

hoki es
ishockey

sepak bola

fodbold

badminton

badminton

atletik

atletik

bola tangan

håndbold

main ski

skiløb

polo

polo

ketawa
grine

meloncat
springe

memeluk
give et knus

menyanyi
synge

berjalan
gå

mengimpi
drømme

berdoa
bede

mencium
kysse

menulis
skrive

melukis
tegne

menunjuk
vise

mendorong
skubbe

memberikan
give

mengambil
tage

mempunyai

have

melakukan

gøre

adalah

være

berdiri

stå

berlari

løbe

menarik

trække

melempar

kaste

jatuh

falde

tidur

ligge

menunggu

vente

membawa

bære

duduk

sidde

berpakaian

tage på

tidur

sove

bangun

vågne

melihat

se på

menangis

græde

mengelus

ae

menyisir

kæmme

berbicara

tale

mengerti

forstå

menanyak

spørge

mendengar

høre

minum

drikke

makan

spise

merapikan

rydde op

cinta

elske

memasak

koge

menyetir

køre

terbang

flyve

berlayar

sejle

menghitung

regne

membaca

læse

belajar

lære

bekerja

arbejde

menikah

gifte sig med

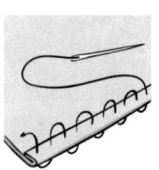

menjahit

sy

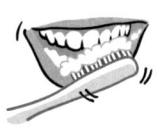

sikat gigi

børste tænder

membunuh

dræbe

merokok

ryge

kirim

sende

keluarga
familie

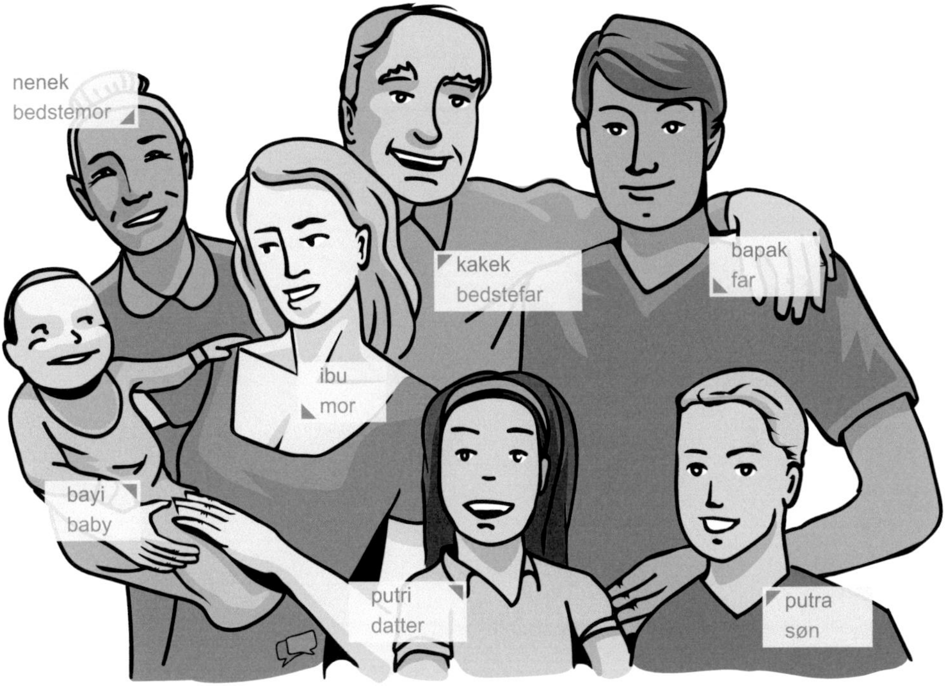
nenek
bedstemor
kakek
bedstefar
bapak
far
ibu
mor
bayi
baby
putri
datter
putra
søn

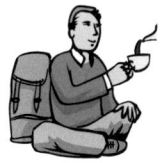

tamu

gæst

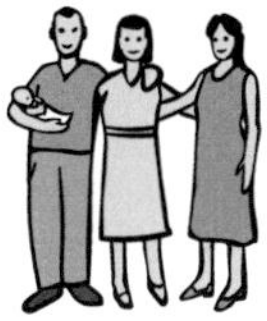

bibi

tante

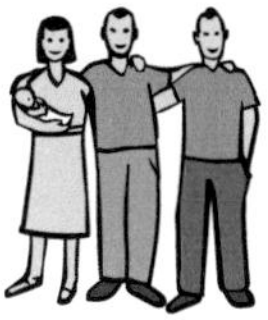

paman

onkel

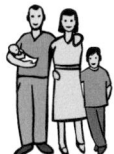

kakak laki

bror

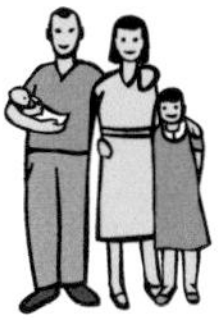

kakak perempuan

søster

badan

krop

dahi
pande
mata
øje
bahu
skulder
jari
finger
muka
ansigt
dagu
hage
tangan
hånd
kaki
ben
payudara
bryst
lengan
arm

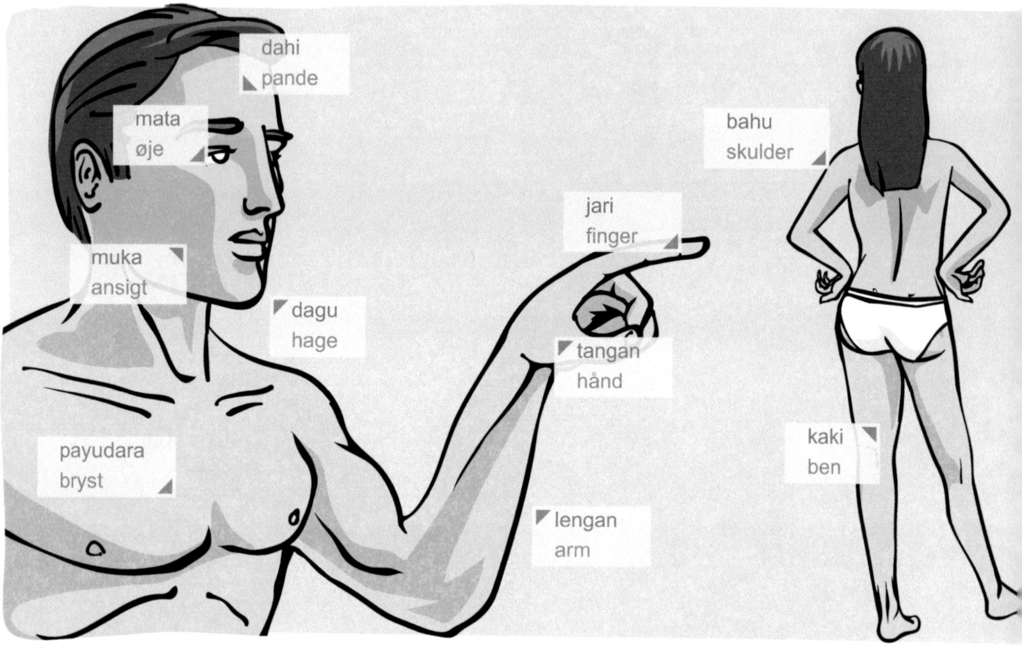

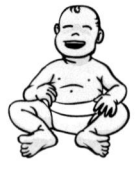

bayi

baby

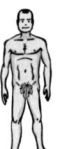

pria

mand

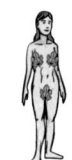

wanita

kvinde

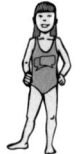

perempuan

pige

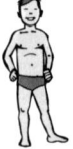

laki

dreng

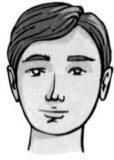

kepala

hoved

punggung

ryg

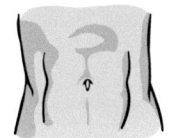

perut

mave

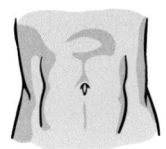

pusar

navle

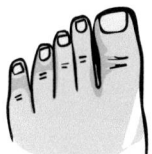

toe

tå

tumit

hæl

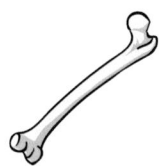

tulang

knogle

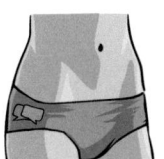

pinggang

hofte

lutut

knæ

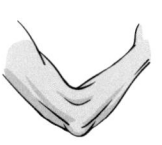

siku

albue

hidung

næse

pantat

bagdel

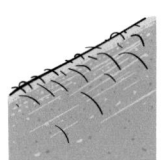

kulit

hud

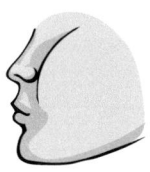

pipi

kind

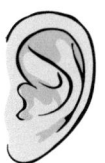

telinga

øre

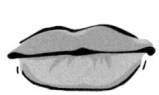

bibir

læbe

mulut

mund

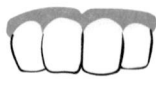

gigi

tand

lidah

tunge

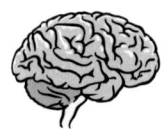

otak

hjerne

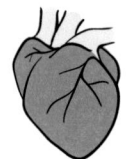

jantung

hjerte

otot

muskel

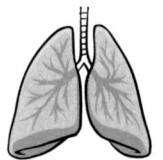

paru-paru

lunge

hati

lever

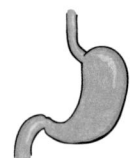

stomach

mavesæk

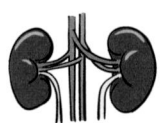

ginjal

nyrer

hubungan seks

sex

kondom

kondom

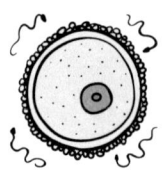

sel telur

ægcelle

sperma

sperm

kehamilan

svangerskab

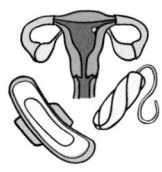

menstruasi

menstruation

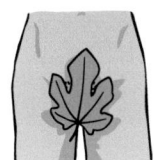

vagina

vagina

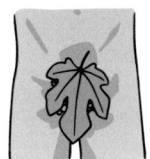

penis

penis

alis

øjenbryn

rambut

hår

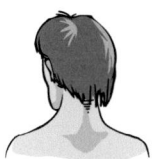

leher

hals

rumah sakit
sygehus

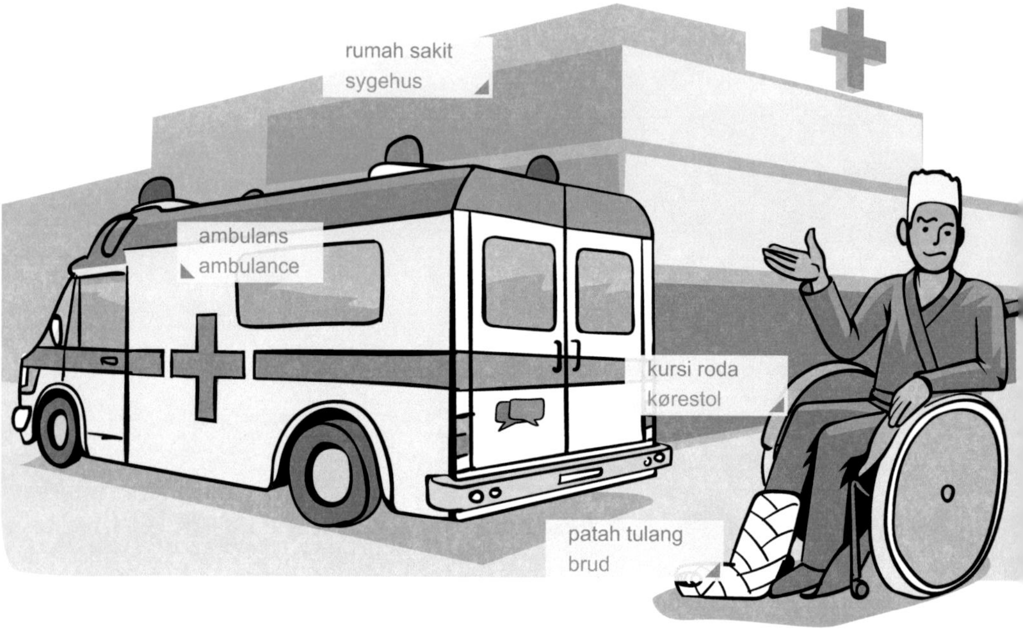

rumah sakit
sygehus
ambulans
ambulance
kursi roda
kørestol
patah tulang
brud

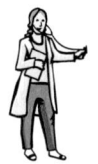

dokter

læge

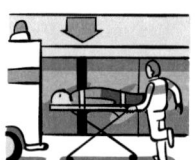

ruang darurat

akutmodtagelse

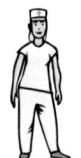

perawat

sygeplejerske

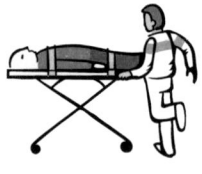

darurat

nødstilfælde

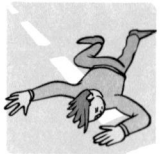

semaput

bevidstløs

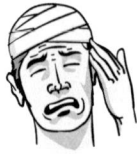

sakit

smerte

cedera

skade

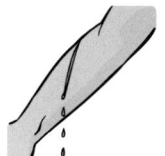

perdarahan

blødning

serangan jantung

hjerteinfarkt

stroke

slagtilfælde

alergi

allergi

batuk

hoste

demam

feber

flu

influenza

diare

diarré

sakit kepala

hovedpine

kanker

kræft

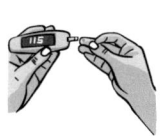

diabetes

diabetes

ahli bedah

kirurg

pisau bedah

skalpel

operasi

operation

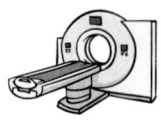

CT

CT

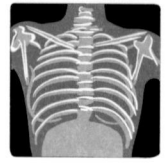

sinar x

røntgen

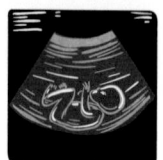

usg

ultralyd

topeng

maske

penyakit

sygdom

ruang tunggu

venteværelse

penyokong

krykke

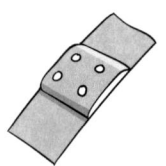

plester

plaster

perban

forbinding

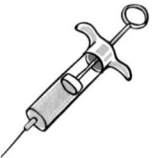

injeksi

injektion

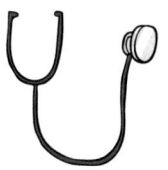

stetoskop

stetoskop

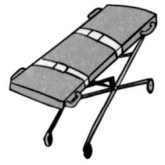

usungan

båre

termometer klinis

termometer

kelahiran

fødsel

kelebihan berat badan

overvægt

rumah sakit - sygehus

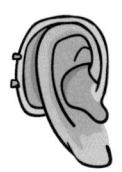

alat pendengar

høreapparat

desinfektan

desinficerende middel

infeksi

infektion

virus

virus

HIV / AIDS

HIV / AIDS

obat

medicin

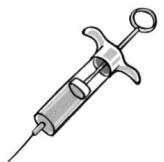

vaksinasi

vaccination

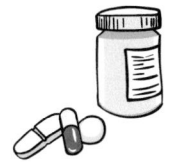

tablet

tabletter

pil

pille

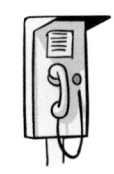

panggilan darurat

nødopkald

ukur tekanan darah

blodtryksmåler

sakit / sehat

syg / rask

Tolong! Hjælp!	 alarm alarm	 penyerbuan overfald
 serangan angreb	 bahaya fare	 pintu darurat nødudgang
Api! Det brænder!	 alat pemadam kebakaran ildslukker	 kecelakaan uheld
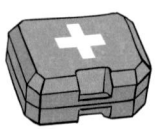 kit pertolongan pertama førstehjælps-kuffert	 SOS SOS	 polisi politi

Eropa

Europa

Amerika Utara

Nordamerika

Amerika Selatan

Sydamerika

Afrika

Afrika

Asia

Asien

Australi

Australien

Atlantik

Atlanterhavet

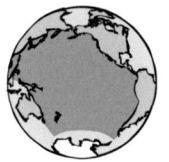

Pasifik

Stillehavet

Samudra India

Indiske Ocean

Samudra Antartika

Sydlige Ishav

Samudra Arktik

Ishav

kutub utara

Nordpol

kutub selatan

Sydpol

Antarktika

Antarktis

bumi

Jorden

tanah

land

laut

hav

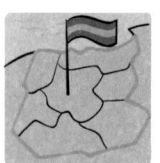

pulau

ø

bangsa

nation

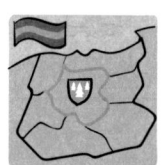

negara

stat

jam wajah

urskive

jarum pendek

timeviser

jarum menit

minutviser

jarum detik

sekundviser

Jam berapa?

Hvad er klokken?

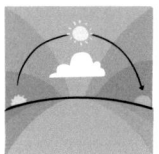

hari

dag

waktu

tid

sekarang

nu

jam digital

digitalur

menit

minut

jam

time

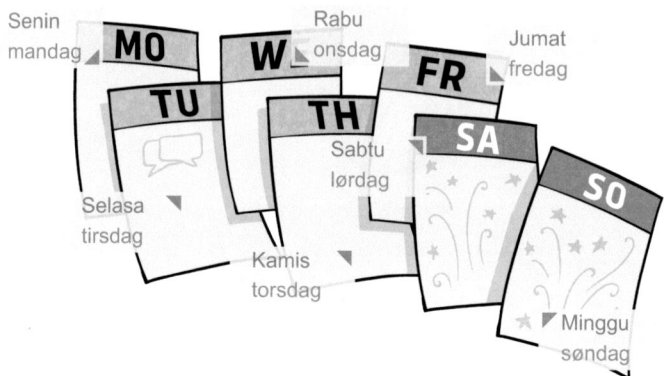

Senin / mandag — MO
Rabu / onsdag — W
Jumat / fredag — FR
TU
TH
Sabtu / lørdag — SA
Selasa / tirsdag
Kamis / torsdag
SO
Minggu / søndag

kemaren

i går

hari ini

i dag

besok

i morgen

pagi

morgen

siang

middag

malam

aften

MO	TU	WE	TH	FR	SA	SU
1	2	3	4	5	6	7
8	9	10	11	12	13	14
15	16	17	18	19	20	21
22	23	24	25	26	27	28
29	30	31	1	2	3	4

hari kerja

arbejdsdage

MO	TU	WE	TH	FR	SA	SU
1	2	3	4	5	6	7
8	9	10	11	12	13	14
15	16	17	18	19	20	21
22	23	24	25	26	27	28
29	30	31	1	2	3	4

akhir minggu

weekend

pelangi
regnbue

hujan
regn

salju
sne

angin
vind

musim semi
forår

musim gugur
efterår

musim panas
sommer

musim dingin
vinter

4.APRIL	11°	☀
5.APRIL	4°	
6.APRIL	13°	
7.APRIL	8°	☀
8.APRIL	10°	☀

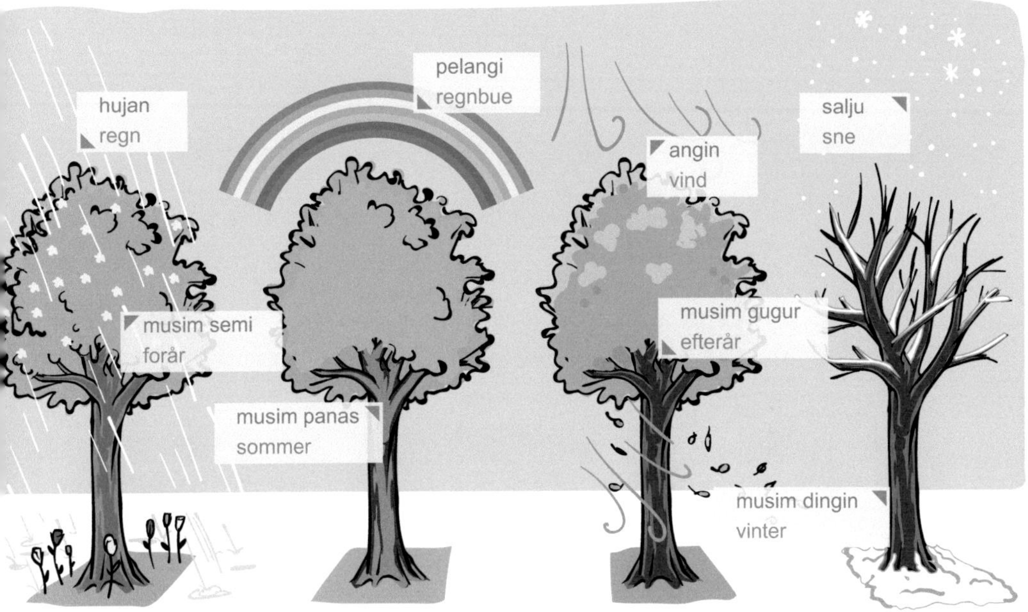

ramalan cuaca

vejrudsigt

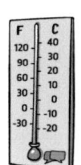

termometer

termometer

matahari

solskin

awan

sky

kabut

tåge

kelembahan

luftfugtighed

kilat

lyn

guntur

torden

badai

storm

hujan es

hagl

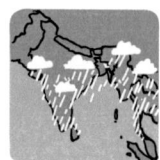

monsun

monsun

banjir

flod

es

is

Januari

januar

Februari

februar

Maret

marts

April

april

Mei

maj

Juni

juni

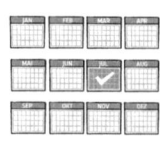

Juli

juli

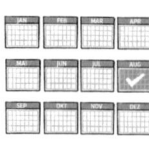

Agustus

august

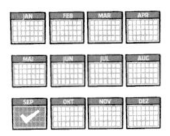

September
september

Oktober
oktober

November
november

Desember
december

bentuk

former

lingkaran
cirkel

persegi
kvadrat

persegi panjang
firkant

segi tiga
trekant

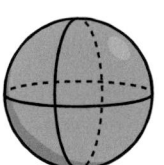

bola
kugle

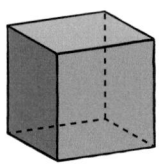

kubus
terning

putih

hvid

kuning

gul

oranye

orange

pink

pink

merah

rød

ungu

lilla

biru

blå

hijau

grøn

coklat

brun

abu-abu

grå

hitam

sort

banyak / sedikit

meget / lidt

marah / tenang

rasende / fredelig

cantik / jelek

smuk / grim

mulaih / selesai

begyndelse / slut

besar / kecil

stor / lille

terang / gelap

lys / mørk

saudara laki-laki / saudara perempuan

bror / søster

bersih / kotor

ren / snavset

lengkap / tidak lengkap

fuldkommen / ufuldkommen

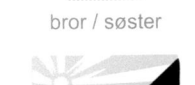

hari / malam

dag / nat

mati / hidup

død / levende

luas / sempit

bred / smal

dapat dimakan / tidak dapat dimakan

spiselig / uspiselig

jahat / baik

vred / venlig

bersemangat / bosan

ophidset / kedet

gemuk / kurus

tyk / tynd

pertama / terakhir

først / sidst

teman / musuh

ven / fjende

penuh / kosong

fuld / tom

keras / lembut

hård / blød

berat / enteng

tung / let

lapar / haus

sult / tørst

sakit / sehat

syg / rask

ilegal / legal

illegal / legal

cerdas / bodoh

intelligent / dum

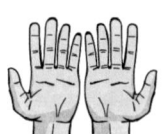

kiri / kanan

venstre / højre

dekat / jauh

nær / fjern

baru / bekas

ny / brugt

tidak ada apapun / sesuatu

intet / noget

tua / muda

gammel / ung

nyala / mati

tændt / slukket

buka / tutup

åben / lukket

tenang / keras

stille / højt

kaya / miskin

rig / fattig

benar / salah

rigtig / forkert

kasar / halus

ru / glat

sedih / gembira

ked af det / lykkelig

pendek / panjang

kort / lang

pelan-pelan / cepat

langsom / hurtig

basah / kering

våd / tør

hangat / sejuk

varm / kold

perang / damai

krig / fred

0	**1**	**2**
nol	satu	dua
nul	en	to

3	**4**	**5**
tiga	empat	lima
tre	fire	fem

6	**7**	**8**
enam	tujuh	delapan
seks	syv	otte

9	**10**	**11**
sembilan	sepuluh	sebelas
ni	ti	elleve

12

duabelas

tolv

13

tigabelas

tretten

14

empatbelas

fjorten

15

limabelas

femten

16

enambelas

seksten

17

tujuhbelas

sytten

18

delapanbelas

atten

19

sembilanbelas

nitten

20

duapuluh

tyve

100

seratus

hundrede

1.000

seribu

tusinde

1.000.000

juta

million

bahasa-bahasa
sprog

Inggris

engelsk

bahasa Inggris Amerika

amerikansk engelsk

bahasa Cina Mandarin

kinesisk mandarin

bahasa Hindi

hindi

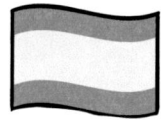

bahasa Spanyol

spansk

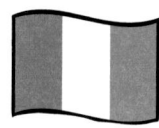

bahasa Perancis

fransk

bahasa Arab

arabisk

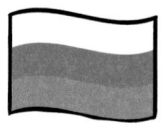

bahasa Rusia

russisk

bahasa Portugis

portugisisk

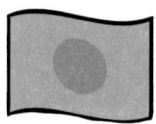

bahasa Bengal

bengalsk

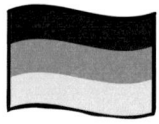

bahasa Jerman

tysk

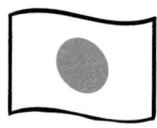

bahasa Jepang

japansk

saya

jeg

kamu

du

dia

han / hun / den / det

kita

vi

kalian

I

mereka

de

siapa?

hvem?

apa?

hvad?

begaimana?

hvordan?

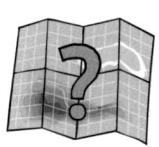

dimana?

hvor?

kapan?

hvornår?

nama

navn

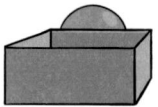

dibelakang

bag

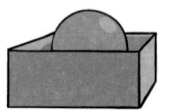

di

i

didepan

foran

diatas

over

diatas

på

dibawah

under

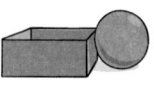

sebelah

ved siden af

di antara

imellem

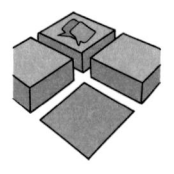

tempat

sted